Helge Jepsen

BE HAPPY

...oder warum
das Leben schön ist

cadeau

1. Auflage 2008

www.hoca.de
Umschlaggestaltung:
Steigenberger Grafikdesign, München
Illustration: Helge Jepsen
Satz: atelier eilenberger, Leipzig
Printed in China
ISBN 978-3-455-38038-5

HOFFMANN
UND CAMPE

Ein Unternehmen der
GANSKE VERLAGSGRUPPE

Sag Guten Tag!

POLLY

Sei albern.

Trau Dich was.

The Human
CANNONBALL

Sei ein Künstler.

Fido

Geh an die Grenzen.

GRÆNSE
GRENSE

Mach's Dir gemütlich.

Sei neugierig.

BIRDS

Spiel mit dem Feuer.

Lösch Deinen Durst.

Schreib mal wieder.

Erkenne Dich selbst.

Bleib auf dem Boden.

Sei ein ehrlicher Gewinner.

1
2
3

Sei ein guter Verlierer.

Schau nicht so viel fern.

Glaub an Dich.

Entspann Dich.

Schlaf schön.

Halt Dich fit.

Geh ins Kino.

The Beginning...

Kümmer Dich um
die Familie.

Schaff Dir Freiräume.

Geh schon hin!

Setz Dir Ziele.

Sei mutig.

Lies was Schönes.

KONTAKT ANZEIGEN

Schau Dir die Welt an.

Lerne aus Fehlern.

Bleib Kind.

Treibe Sport.

Sei romantisch.

Geh mit Pauken
und Trompeten unter.

Sing ein Lied.

Bau Dir ein Schloss.

Geh in die Luft.

Verwöhn Dich mal.

Sei Du selbst.

Zieh dicke Fische an Land.

Geh mal tanzen.

Setz Segel.

Erobere die Welt.

Gönn Dir was.

Sei offen für Neues.

Hör auf Dein Herz.

Pflanze einen Wald.

Sieh's mal anders.

Triff Freunde.

Schau Dir Kunst an.

Sei ein Held.

Sag Auf Wiedersehen!